Key Stage 2

D0183051

Learn Your
Division Facts

Steve Mills and Hilary Koll

Name

Schofield & Sims

You will need a:

▶ pen or pencil

▶ stopwatch or clock with a second hand to time yourself.

For each set of division facts:

▶ work through each page in order

▶ read the facts aloud (use different voices or actions)

▶ look, cover, write, check several times

▶ learn the 'hard facts'

▶ for the ÷**3**, ÷**4**, ÷**9**, ÷**6**, ÷**7** and ÷**8** facts, cut out the cards from the centre of the book (pages C1 and C2) and practise with them

▶ get someone to test you

▶ then test yourself!

Contents

Ideas, games and activities

Tips for learning your division facts

▶ Use different voices when you practise saying the division facts. You could use the voice of a bird, a worm, a mouse or an elephant. Sometimes shout the facts, sometimes whisper them.

▶ Clap your hands, tap your head and jump around when you are saying your division facts out loud.

Ideas for using the cut-out flashcards

▶ Keep the cards for each set of division facts in an old envelope so that you don't lose them!

▶ Cut out the cards for one set of division facts. Spread out the cards on a surface, question-side up. Put them in order in a line, starting with **0 ÷**. Say the division facts aloud as you point to each card. Then point to any card and give the answer, turning the card over to check. Repeat until you think you know them all.

▶ Use the cards for one set of division facts. Put them in a pile, question-side up. Answer the questions one at a time, turning the card over to check. Put the ones you get right into one pile and the ones you get wrong into another.

▶ Then take each one you got wrong and say the question and answer out loud. Jump up and down as many times as the answer!

▶ Stick any cards you got wrong onto the fridge, bathroom mirror, in the car or anywhere you will see it! Have a fact for the day and keep saying it over and over. Ask someone to keep asking you the fact and when you are sure that you know it you can put the card away!

▶ Ask someone in your family to hold the cards in one hand. Ask them to show you a question, holding it up so that they can see the answer on the back. See how quickly you can answer all the questions in a set. Keep the ones you get wrong and practise them again until you know them.

Revision of **times tables** facts

×2 table

0 × 2 =	0
1 × 2 =	2
2 × 2 =	4
3 × 2 =	6
4 × 2 =	8
5 × 2 =	10
6 × 2 =	12
7 × 2 =	14
8 × 2 =	16
9 × 2 =	18
10 × 2 =	20

×3 table

0 × 3 =	0
1 × 3 =	3
2 × 3 =	6
3 × 3 =	9
4 × 3 =	12
5 × 3 =	15
6 × 3 =	18
7 × 3 =	21
8 × 3 =	24
9 × 3 =	27
10 × 3 =	30

×4 table

0 × 4 =	0
1 × 4 =	4
2 × 4 =	8
3 × 4 =	12
4 × 4 =	16
5 × 4 =	20
6 × 4 =	24
7 × 4 =	28
8 × 4 =	32
9 × 4 =	36
10 × 4 =	40

×5 table

0 × 5 =	0
1 × 5 =	5
2 × 5 =	10
3 × 5 =	15
4 × 5 =	20
5 × 5 =	25
6 × 5 =	30
7 × 5 =	35
8 × 5 =	40
9 × 5 =	45
10 × 5 =	50

×10 table

0 × 10 =	0
1 × 10 =	10
2 × 10 =	20
3 × 10 =	30
4 × 10 =	40
5 × 10 =	50
6 × 10 =	60
7 × 10 =	70
8 × 10 =	80
9 × 10 =	90
10 × 10 =	100

×6 table

0 × 6 =	0
1 × 6 =	6
2 × 6 =	12
3 × 6 =	18
4 × 6 =	24
5 × 6 =	30
6 × 6 =	36
7 × 6 =	42
8 × 6 =	48
9 × 6 =	54
10 × 6 =	60

×7 table

0 × 7 =	0
1 × 7 =	7
2 × 7 =	14
3 × 7 =	21
4 × 7 =	28
5 × 7 =	35
6 × 7 =	42
7 × 7 =	49
8 × 7 =	56
9 × 7 =	63
10 × 7 =	70

×8 table

0 × 8 =	0
1 × 8 =	8
2 × 8 =	16
3 × 8 =	24
4 × 8 =	32
5 × 8 =	40
6 × 8 =	48
7 × 8 =	56
8 × 8 =	64
9 × 8 =	72
10 × 8 =	80

×9 table

0 × 9 =	0
1 × 9 =	9
2 × 9 =	18
3 × 9 =	27
4 × 9 =	36
5 × 9 =	45
6 × 9 =	54
7 × 9 =	63
8 × 9 =	72
9 × 9 =	81
10 × 9 =	90

Draw a ring around any of these facts that you find difficult to remember.

Practise saying them over and over in different voices to help you learn them.

Multiplication and division

Learning your division facts is easy if you know your times tables facts. This is because multiplication and division are related. Look at these four facts. Explain to someone how they are related.

$$6 \times 7 = 42$$

Six rows of seven sweets is 42 sweets altogether.

$$7 \times 6 = 42$$

Seven rows of six sweets is 42 sweets altogether.

$$42 \div 7 = 6$$

42 sweets shared out between seven people is six sweets each.

$$42 \div 6 = 7$$

42 sweets shared out between six people is seven sweets each.

The numbers 42, 6 and 7 are related.

Notice that the largest number:

▶ is the **answer** in **tables** facts, $6 \times 7 = 42$ $7 \times 6 = 42$

▶ is the **first number** in **division** facts. $42 \div 7 = 6$ $42 \div 6 = 7$

When you learn your tables, remember the numbers and move them around to make division facts!

Now try these

Write two tables facts and two division facts for each set of numbers.

| 15 | 3 | 5 |

| 7 | 28 | 4 |

The facts

$$0 \div 2 = 0$$
$$2 \div 2 = 1$$
$$4 \div 2 = 2$$
$$6 \div 2 = 3$$
$$8 \div 2 = 4$$
$$10 \div 2 = 5$$
$$12 \div 2 = 6$$
$$14 \div 2 = 7$$
$$16 \div 2 = 8$$
$$18 \div 2 = 9$$
$$20 \div 2 = 10$$

What to notice

▶ The first number in each division fact is a **multiple of 2** (or zero).

▶ The answer to each division fact is **half** the first number.

$12 \div 2$ = half 12 = 6

▶ Zero divided by any number is **zero**.

▶ A number **divided by the same number** always has the answer **1**.

$2 \div 2 = 1$

$6 \div 6 = 1$

$7 \div 7 = 1$

Which kite?

Draw lines to join each kite to its owner. See how quickly you can do this.

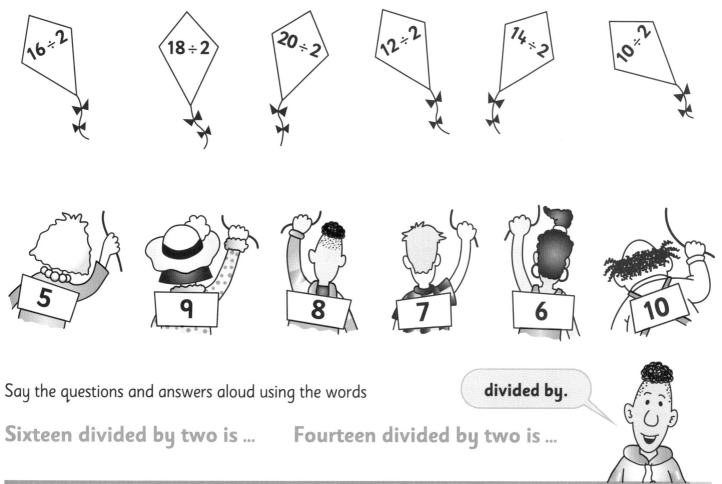

Say the questions and answers aloud using the words

divided by.

Sixteen divided by two is ...   Fourteen divided by two is ...

The ÷2 facts

Hard facts

0 ÷ 2 = 0

Think of this as

0 sweets shared between
2 people is 0 each.

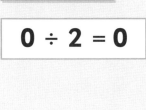

2 ÷ 2 = 1

Think of this as

2 sweets shared between
2 people is 1 each.

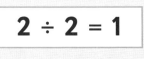

Halve the first number for each of these facts.

18 ÷ 2 = 9

```
        18
10   +   8
▼  Halve  ▼
 5   +   4
        9
```

16 ÷ 2 = 8

```
        16
10   +   6
▼  Halve  ▼
 5   +   3
        8
```

14 ÷ 2 = 7

```
        14
10   +   4
▼  Halve  ▼
 5   +   2
        7
```

Test yourself

÷2

10 ÷ 2 =	16 ÷ 2 =	8 ÷ 2 =	12 ÷ 2 =
12 ÷ 2 =	6 ÷ 2 =	20 ÷ 2 =	4 ÷ 2 =
8 ÷ 2 =	18 ÷ 2 =	0 ÷ 2 =	2 ÷ 2 =
4 ÷ 2 =	20 ÷ 2 =	6 ÷ 2 =	16 ÷ 2 =
18 ÷ 2 =	4 ÷ 2 =	4 ÷ 2 =	6 ÷ 2 =
6 ÷ 2 =	12 ÷ 2 =	18 ÷ 2 =	14 ÷ 2 =
2 ÷ 2 =	10 ÷ 2 =	10 ÷ 2 =	18 ÷ 2 =
14 ÷ 2 =	2 ÷ 2 =	16 ÷ 2 =	10 ÷ 2 =
0 ÷ 2 =	8 ÷ 2 =	14 ÷ 2 =	20 ÷ 2 =
16 ÷ 2 =	14 ÷ 2 =	2 ÷ 2 =	0 ÷ 2 =
20 ÷ 2 =	0 ÷ 2 =	12 ÷ 2 =	8 ÷ 2 =

Time   Time   Time   Time

The facts

$0 ÷ 10 = 0$
$10 ÷ 10 = 1$
$20 ÷ 10 = 2$
$30 ÷ 10 = 3$
$40 ÷ 10 = 4$
$50 ÷ 10 = 5$
$60 ÷ 10 = 6$
$70 ÷ 10 = 7$
$80 ÷ 10 = 8$
$90 ÷ 10 = 9$
$100 ÷ 10 = 10$

What to notice

▶ When dividing a multiple of **10** by **10** the answer is **10** times smaller.

▶ The digits of a number move across to the right when we divide by **10**.

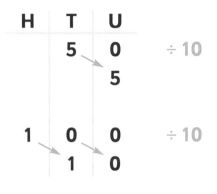

H	T	U	
	5	0	÷ 10
		5	
1	0	0	÷ 10
	1	0	

How many 10ps?

How many **10**ps are in each bag? Divide by **10** to find out.

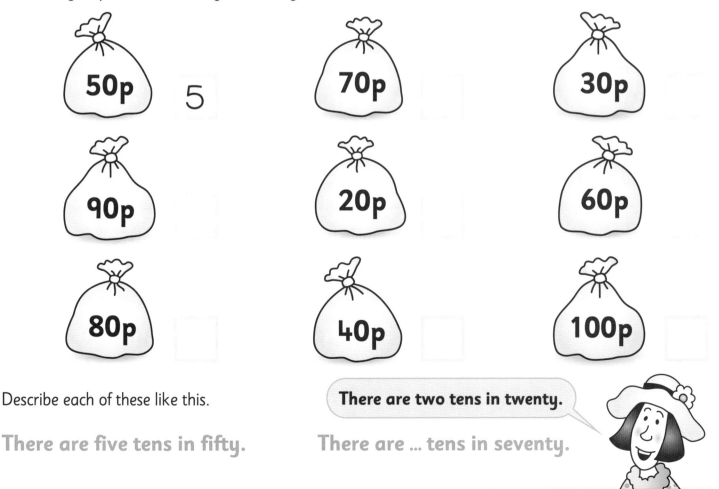

50p 5

70p

30p

90p

20p

60p

80p

40p

100p

Describe each of these like this.

There are five tens in fifty.

There are two tens in twenty.

There are ... tens in seventy.

The ÷ 10 facts

Hard facts

0 ÷ 10 = 0

Think of this as

0 sweets shared between
10 people is 0 each.

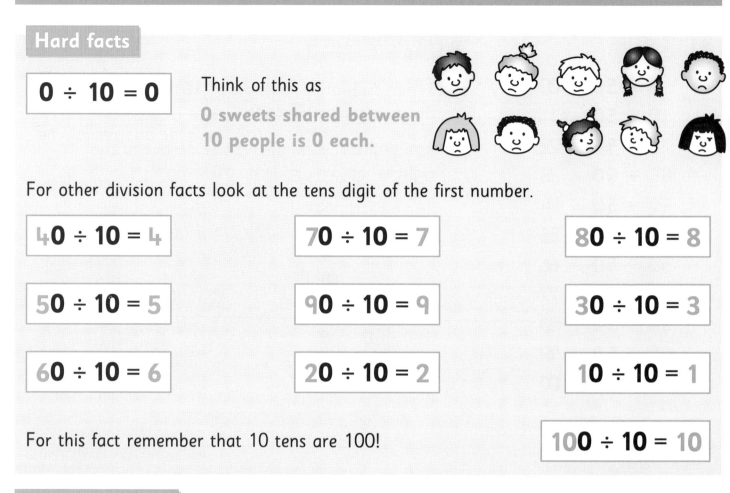

For other division facts look at the tens digit of the first number.

40 ÷ 10 = 4	**70 ÷ 10 = 7**	**80 ÷ 10 = 8**
50 ÷ 10 = 5	**90 ÷ 10 = 9**	**30 ÷ 10 = 3**
60 ÷ 10 = 6	**20 ÷ 10 = 2**	**10 ÷ 10 = 1**

For this fact remember that 10 tens are 100!   **100 ÷ 10 = 10**

Test yourself

÷ 10

10 ÷ 10 =	20 ÷ 10 =	80 ÷ 10 =	100 ÷ 10 =
90 ÷ 10 =	60 ÷ 10 =	100 ÷ 10 =	40 ÷ 10 =
80 ÷ 10 =	30 ÷ 10 =	0 ÷ 10 =	50 ÷ 10 =
30 ÷ 10 =	100 ÷ 10 =	60 ÷ 10 =	10 ÷ 10 =
70 ÷ 10 =	40 ÷ 10 =	40 ÷ 10 =	60 ÷ 10 =
60 ÷ 10 =	70 ÷ 10 =	50 ÷ 10 =	30 ÷ 10 =
20 ÷ 10 =	90 ÷ 10 =	10 ÷ 10 =	0 ÷ 10 =
50 ÷ 10 =	50 ÷ 10 =	70 ÷ 10 =	70 ÷ 10 =
0 ÷ 10 =	10 ÷ 10 =	20 ÷ 10 =	90 ÷ 10 =
40 ÷ 10 =	80 ÷ 10 =	30 ÷ 10 =	20 ÷ 10 =
100 ÷ 10 =	0 ÷ 10 =	90 ÷ 10 =	80 ÷ 10 =

Time   Time   Time   Time

The facts

$$0 \div 5 = 0$$
$$5 \div 5 = 1$$
$$10 \div 5 = 2$$
$$15 \div 5 = 3$$
$$20 \div 5 = 4$$
$$25 \div 5 = 5$$
$$30 \div 5 = 6$$
$$35 \div 5 = 7$$
$$40 \div 5 = 8$$
$$45 \div 5 = 9$$
$$50 \div 5 = 10$$

What to notice

▶ The first number in each division fact is a **multiple of 5** (or zero).

▶ If the first number ends in a **0** the answer will be **even**.

▶ If the first number ends in a **5** the answer will be **odd**.

▶ Count in fives and keep track of how many you have counted with your fingers.

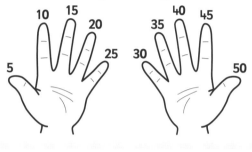

Guy's test

Guy has got some of these answers wrong!

Tick which of Guy's answers are correct.

Cross those that are wrong and write the correct answer.

$15 \div 5 = 3$ ✓

$20 \div 5 = 6$ ✗ 4

Name: _Guy_____

15 ÷ 5 = 3	**35 ÷ 5 =** 7	**10 ÷ 5 =** 3	**20 ÷ 5 =** 4
30 ÷ 5 = 8	**45 ÷ 5 =** 9	**0 ÷ 5 =** 5	**5 ÷ 5 =** 1
40 ÷ 5 = 8	**25 ÷ 5 =** 7	**50 ÷ 5 =** 5	Score: _____ out of 11

Say each correct fact aloud like this.

Thirty-five is *seven* fives.

Forty-five is ... fives.

Fifteen is *three* fives.

Hard facts

You can use doubling and dividing by 10 to find the answers.
To divide by 5 you can double the first number and divide it by 10.

$30 \div 5 = 6$	Double **30** = **60**	$60 \div 10 = 6$
$35 \div 5 = 7$	Double **35** = **70**	$70 \div 10 = 7$
$40 \div 5 = 8$	Double **40** = **80**	$80 \div 10 = 8$
$45 \div 5 = 9$	Double **45** = **90**	$90 \div 10 = 9$

Test yourself

÷5

$10 \div 5 =$	$20 \div 5 =$	$35 \div 5 =$	$15 \div 5 =$
$15 \div 5 =$	$45 \div 5 =$	$50 \div 5 =$	$25 \div 5 =$
$25 \div 5 =$	$25 \div 5 =$	$0 \div 5 =$	$5 \div 5 =$
$45 \div 5 =$	$50 \div 5 =$	$40 \div 5 =$	$35 \div 5 =$
$40 \div 5 =$	$40 \div 5 =$	$45 \div 5 =$	$40 \div 5 =$
$35 \div 5 =$	$15 \div 5 =$	$30 \div 5 =$	$30 \div 5 =$
$5 \div 5 =$	$10 \div 5 =$	$10 \div 5 =$	$20 \div 5 =$
$30 \div 5 =$	$5 \div 5 =$	$20 \div 5 =$	$10 \div 5 =$
$0 \div 5 =$	$35 \div 5 =$	$25 \div 5 =$	$50 \div 5 =$
$20 \div 5 =$	$30 \div 5 =$	$5 \div 5 =$	$0 \div 5 =$
$50 \div 5 =$	$0 \div 5 =$	$15 \div 5 =$	$45 \div 5 =$
Time	Time	Time	Time

Get to know the ÷3 facts

The facts

$0 \div 3 = 0$

$3 \div 3 = 1$

$6 \div 3 = 2$

$9 \div 3 = 3$

$12 \div 3 = 4$

$15 \div 3 = 5$

$18 \div 3 = 6$

$21 \div 3 = 7$

$24 \div 3 = 8$

$27 \div 3 = 9$

$30 \div 3 = 10$

What to notice

▶ The first number in each division fact is a **multiple of 3** (or zero).

▶ If the multiple of 3 is an **even** number then the answer will be **even**.

even ÷ **3** = even

12 ÷ **3** = 4

▶ If the multiple of 3 is an **odd** number then the answer will be **odd**.

odd ÷ **3** = odd

21 ÷ **3** = 7

Practise with the cards

Use the cut-out cards for the ÷**3** division facts.

Put the cards in order.

Pick any card and say the answer. Turn over the card to check.

15 ÷ 3   **18 ÷ 3**

6 ÷ 3

Now try these

Write the answers to these questions.

15 ÷ 3 = ____   **30 ÷ 3** = ____   **3 ÷ 3** = ____   **18 ÷ 3** = ____

6 ÷ 3 = ____   **21 ÷ 3** = ____   **0 ÷ 3** = ____   **12 ÷ 3** = ____

27 ÷ 3 = ____   **24 ÷ 3** = ____   **9 ÷ 3** = ____

Say the questions and answers aloud using the words   **shared between.**

Fifteen shared between three is …   Zero shared between three is …

The ÷ 3 facts

Hard facts

When faced with difficult facts, try to remember which times tables the first number appears in, like this.

27 ÷ 3 = ...

In which times tables do you find the number 27?

27 is in the **3 times table** and in the **9 times table**. This can give you a clue to the answer.

27 ÷ 3 = 9

24 ÷ 3 = ...

Look for whether the first number is odd or even.

Is **24** odd or even?

24 is **even** so the answer will be **even**.

24 ÷ 3 = 8

Test yourself

÷ 3

24 ÷ 3 =	15 ÷ 3 =	21 ÷ 3 =	15 ÷ 3 =
12 ÷ 3 =	6 ÷ 3 =	30 ÷ 3 =	9 ÷ 3 =
9 ÷ 3 =	18 ÷ 3 =	0 ÷ 3 =	3 ÷ 3 =
27 ÷ 3 =	30 ÷ 3 =	6 ÷ 3 =	27 ÷ 3 =
18 ÷ 3 =	9 ÷ 3 =	9 ÷ 3 =	6 ÷ 3 =
6 ÷ 3 =	27 ÷ 3 =	18 ÷ 3 =	12 ÷ 3 =
3 ÷ 3 =	21 ÷ 3 =	15 ÷ 3 =	18 ÷ 3 =
15 ÷ 3 =	3 ÷ 3 =	27 ÷ 3 =	24 ÷ 3 =
0 ÷ 3 =	24 ÷ 3 =	24 ÷ 3 =	30 ÷ 3 =
21 ÷ 3 =	12 ÷ 3 =	3 ÷ 3 =	0 ÷ 3 =
30 ÷ 3 =	0 ÷ 3 =	12 ÷ 3 =	21 ÷ 3 =

Time | Time | Time | Time

Page 6
$5 \times 3 = 15$	$3 \times 5 = 15$
$15 \div 3 = 5$	$15 \div 5 = 3$
$4 \times 7 = 28$	$7 \times 4 = 28$
$28 \div 4 = 7$	$28 \div 7 = 4$

Page 7
$16 \div 2 = 8$	$18 \div 2 = 9$
$20 \div 2 = 10$	$12 \div 2 = 6$
$14 \div 2 = 7$	$10 \div 2 = 5$

eight   seven

Page 8

5	8	4	6
6	3	10	2
4	9	0	1
2	10	3	8
9	2	2	3
3	6	9	7
1	5	5	9
7	1	8	5
0	4	7	10
8	7	1	0
10	0	6	4

Page 9

5	7	3
9	2	6
8	4	10

seven

Page 10

1	2	8	10
9	6	10	4
8	3	0	5
3	10	6	1
7	4	4	6
6	7	5	3
2	9	1	0
5	5	7	7
0	1	2	9
4	8	3	2
10	0	9	8

Page 11
$10 \div 5 = 2$		
$30 \div 5 = 6$	$0 \div 5 = 0$	
$25 \div 5 = 5$	$50 \div 5 = 10$	6/11

nine

Page 12

2	4	7	3
3	9	10	5
5	5	0	1
9	10	8	7
8	8	9	8
7	3	6	6
1	2	2	4
6	1	4	2
0	7	5	10
4	6	1	0
10	0	3	9

Page 13
$15 \div 3 = 5$	$30 \div 3 = 10$	$3 \div 3 = 1$	$18 \div 3 = 6$
$6 \div 3 = 2$	$21 \div 3 = 7$	$0 \div 3 = 0$	$12 \div 3 = 4$
$27 \div 3 = 9$	$24 \div 3 = 8$	$9 \div 3 = 3$	

five   zero

Page 14

8	5	7	5
4	2	10	3
3	6	0	1
9	10	2	9
6	3	3	2
2	9	6	4
1	7	5	6
5	1	9	8
0	8	8	10
7	4	1	0
10	0	4	7

Page 15
$24 \div 4 = $ six
$32 \div 4 = $ eight
$28 \div 4 = $ seven
$12 \div 4 = $ three
$16 \div 4 = $ four
$36 \div 4 = $ nine

Page 16

6	8	5	8
3	9	10	2
2	4	0	1
7	10	9	7
4	2	2	9
9	7	4	3
1	5	8	4
8	1	7	6
0	6	6	10
5	3	1	0
10	0	3	5

Page 17
$36 \div 9 = 4$	$63 \div 9 = 7$	$72 \div 9 = 8$

Page 18
$45 \div 9 = 5$	$54 \div 9 = 6$	$81 \div 9 = 9$

3	5	9	5
7	4	10	2
2	8	0	1
6	10	4	6
8	2	2	4
4	6	8	7
1	9	5	8
5	1	6	3
0	3	3	10
9	7	1	0
10	0	7	9

Page 19
$60 \div 6 = 10$	$18 \div 6 = 3$	$36 \div 6 = 6$	$12 \div 6 = 2$
$42 \div 6 = 7$	$48 \div 6 = 8$	$0 \div 6 = 0$	$30 \div 6 = 5$
$24 \div 6 = 4$	$54 \div 6 = 9$		

ten   three

Page 20

4	7	5	7
8	6	10	3
3	2	0	1
9	10	6	9
2	3	3	6
6	9	2	8
1	5	7	2
7	1	9	4
0	4	4	10
5	8	1	0
10	0	8	5

Page 21

$70 \div 7 = 10$ $28 \div 7 = 4$ $63 \div 7 = 9$ $35 \div 7 = 5$
$42 \div 7 = 6$ $21 \div 7 = 3$ $49 \div 7 = 7$ $56 \div 7 = 8$

Page 22

3	6	4	6
9	7	10	2
2	5	0	1
8	10	7	8
5	2	2	7
7	8	5	9
1	4	6	5
6	1	8	3
0	3	3	10
4	9	1	0
10	0	9	4

Page 24

3	5	4	5
8	6	10	2
2	9	0	1
7	10	6	7
9	2	2	6
6	7	9	8
1	4	5	9
5	1	7	3
0	3	3	10
4	8	1	0
10	0	8	4

Page 25

6	6	7	9
7	3	6	6
4	4	0	9
7	2	9	2
8	3	2	6
8	6	4	8
5	8	9	7
3	3	3	2
0	4	5	3
7	7	9	0
8	5	5	10

5	6	8	4
4	8	8	3
2	8	1	8
2	9	7	9
9	3	7	8
6	9	9	3

0	4	6	9
7	3	4	3
6	7	4	5
4	8	6	0
10	0	9	3

Page 26

4	4	9	2
8	3	4	7
8	1	4	8
2	6	7	9
0	4	5	3
7	8	9	0
2	5	5	10
5	3	3	6
10	4	0	4
5	8	9	7
3	3	3	6

5	3	4	2
6	4	7	5
7	8	6	0
5	6	8	4
4	8	8	7
10	0	9	3
9	3	7	8
6	9	9	3
0	4	5	9
2	8	1	8
2	9	7	9

Page 27

3	3	2	9
4	8	6	8
5	4	6	4
5	6	3	2
7	4	0	6
7	2	5	8
7	0	4	8
5	8	8	7
7	8	9	0
0	6	10	3
1	5	7	10

7	9	8	9
8	8	6	0
6	7	5	6
8	7	9	8
10	0	9	4
2	9	7	9
7	9	9	4
0	10	6	8
6	9	4	6
4	8	1	8
3	8	7	8

÷8 facts	÷7 facts	÷6 facts	÷9 facts	÷4 facts	÷3 facts
0 ÷ 8	0 ÷ 7	0 ÷ 6	0 ÷ 9	0 ÷ 4	0 ÷ 3
8 ÷ 8	7 ÷ 7	6 ÷ 6	9 ÷ 9	4 ÷ 4	3 ÷ 3
16 ÷ 8	14 ÷ 7	12 ÷ 6	18 ÷ 9	8 ÷ 4	6 ÷ 3
24 ÷ 8	21 ÷ 7	18 ÷ 6	27 ÷ 9	12 ÷ 4	9 ÷ 3
32 ÷ 8	28 ÷ 7	24 ÷ 6	36 ÷ 9	16 ÷ 4	12 ÷ 3
40 ÷ 8	35 ÷ 7	30 ÷ 6	45 ÷ 9	20 ÷ 4	15 ÷ 3
48 ÷ 8	42 ÷ 7	36 ÷ 6	54 ÷ 9	24 ÷ 4	18 ÷ 3
56 ÷ 8	49 ÷ 7	42 ÷ 6	63 ÷ 9	28 ÷ 4	21 ÷ 3
64 ÷ 8	56 ÷ 7	48 ÷ 6	72 ÷ 9	32 ÷ 4	24 ÷ 3
72 ÷ 8	63 ÷ 7	54 ÷ 6	81 ÷ 9	36 ÷ 4	27 ÷ 3
80 ÷ 8	70 ÷ 7	60 ÷ 6	90 ÷ 9	40 ÷ 4	30 ÷ 3

÷3 facts	÷4 facts	÷9 facts	÷6 facts	÷7 facts	÷8 facts
0	0	0	0	0	0
1	1	1	1	1	1
2	2	2	2	2	2
3	3	3	3	3	3
4	4	4	4	4	4
5	5	5	5	5	5
6	6	6	6	6	6
7	7	7	7	7	7
8	8	8	8	8	8
9	9	9	9	9	9
10	10	10	10	10	10

The facts

$$0 \div 4 = 0$$
$$4 \div 4 = 1$$
$$8 \div 4 = 2$$
$$12 \div 4 = 3$$
$$16 \div 4 = 4$$
$$20 \div 4 = 5$$
$$24 \div 4 = 6$$
$$28 \div 4 = 7$$
$$32 \div 4 = 8$$
$$36 \div 4 = 9$$
$$40 \div 4 = 10$$

What to notice

▷ You can halve the first number and then halve again to find the answers to the ÷4 questions.

$12 \div 4 \rightarrow$ Half $12 = 6$

     Half $6 = 3$

So $12 \div 4 = 3$

▷ Notice that you can use $20 \div 4 = 5$ to help you with the larger numbers.

$20 \div 4 = 5$
$4 \div 4 = 1 \rightarrow 24 \div 4 = 5 + 1 = 6$

$20 \div 4 = 5$
$8 \div 4 = 2 \rightarrow 28 \div 4 = 5 + 2 = 7$

Practise with the cards

Use the cut-out cards for the ÷4 division facts.

Put the cards in order.

Pick any card and say the answer. Turn over the card to check.

$$20 \div 4$$ $$8 \div 4$$
$$24 \div 4$$

Which question?

Draw lines to show who is answering each question.

$24 \div 4$

$32 \div 4$

$28 \div 4$

$12 \div 4$

$16 \div 4$

$36 \div 4$

four

three

nine

seven

six

eight

The ÷ 4 facts

Hard facts

Use halve, halve.

12 ÷ 4 = 3	Half **12** is **6**.	Half **6** is **3**.
16 ÷ 4 = 4	Half **16** is **8**.	Half **8** is **4**.
20 ÷ 4 = 5	Half **20** is **10**.	Half **10** is **5**.
24 ÷ 4 = 6	Half **24** is **12**.	Half **12** is **6**.
28 ÷ 4 = 7	Half **28** is **14**.	Half **14** is **7**.
32 ÷ 4 = 8	Half **32** is **16**.	Half **16** is **8**.
36 ÷ 4 = 9	Half **36** is **18**.	Half **18** is **9**.

Test yourself

÷ 4

24 ÷ 4 =	32 ÷ 4 =	20 ÷ 4 =	32 ÷ 4 =
12 ÷ 4 =	36 ÷ 4 =	40 ÷ 4 =	8 ÷ 4 =
8 ÷ 4 =	16 ÷ 4 =	0 ÷ 4 =	4 ÷ 4 =
28 ÷ 4 =	40 ÷ 4 =	36 ÷ 4 =	28 ÷ 4 =
16 ÷ 4 =	8 ÷ 4 =	8 ÷ 4 =	36 ÷ 4 =
36 ÷ 4 =	28 ÷ 4 =	16 ÷ 4 =	12 ÷ 4 =
4 ÷ 4 =	20 ÷ 4 =	32 ÷ 4 =	16 ÷ 4 =
32 ÷ 4 =	4 ÷ 4 =	28 ÷ 4 =	24 ÷ 4 =
0 ÷ 4 =	24 ÷ 4 =	24 ÷ 4 =	40 ÷ 4 =
20 ÷ 4 =	12 ÷ 4 =	4 ÷ 4 =	0 ÷ 4 =
40 ÷ 4 =	0 ÷ 4 =	12 ÷ 4 =	20 ÷ 4 =
Time	Time	Time	Time

The facts

$$0 \div 9 = 0$$
$$9 \div 9 = 1$$
$$18 \div 9 = 2$$
$$27 \div 9 = 3$$
$$36 \div 9 = 4$$
$$45 \div 9 = 5$$
$$54 \div 9 = 6$$
$$63 \div 9 = 7$$
$$72 \div 9 = 8$$
$$81 \div 9 = 9$$
$$90 \div 9 = 10$$

What to notice

▶ It is best to learn the ÷9 facts before the ÷6, ÷7 and ÷8 facts because they are **easier**.

▶ Look below for what to do with your fingers to help you find the answers to any ÷9 question really quickly.

▶ Notice that for **most** of the facts the answer is one more than the value of the tens digit of the first number:

$$27 \div 9 = 3$$

$$45 \div 9 = 5$$

$$63 \div 9 = 7 \text{ and so on.}$$

Learning the ÷9 facts

▶ Hold your palms towards you.

▶ Make your fingers show the first number in the question, like this: **27 ÷ 9 =**

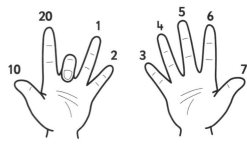

The fingers to the left of the bent finger are each worth 10.

The fingers to the right of the bent finger are each worth 1.

▶ Now see which finger you have bent – the **third!** So **27 ÷ 9 = 3**.

▶ See if you can work out these. Which finger is bent? Count from the left.

36 ÷ 9 = ?   **63 ÷ 9 = ?**   **72 ÷ 9 = ?**

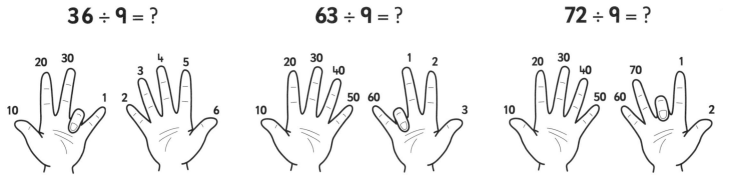

The ÷ 9 facts

Hard facts

There are **no** hard facts for the ÷ 9 facts if you learn to use your fingers!
Practise these.

$45 \div 9 = \boxed{}$ $54 \div 9 = \boxed{}$ $81 \div 9 = \boxed{}$

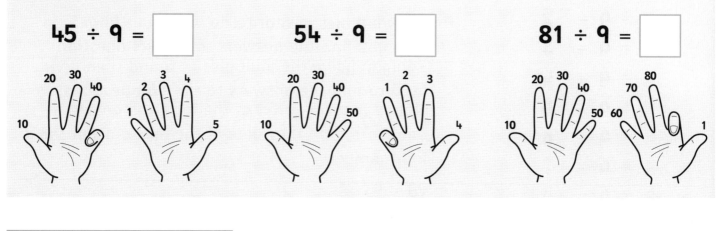

Practise with the cards

Use the cut-out cards for the ÷ 9 division facts.

Test yourself with them.

$45 \div 9$ $18 \div 9$

$63 \div 9$

Test yourself   ÷ 9

$27 \div 9 =$	$45 \div 9 =$	$81 \div 9 =$	$45 \div 9 =$
$63 \div 9 =$	$36 \div 9 =$	$90 \div 9 =$	$18 \div 9 =$
$18 \div 9 =$	$72 \div 9 =$	$0 \div 9 =$	$9 \div 9 =$
$54 \div 9 =$	$90 \div 9 =$	$36 \div 9 =$	$54 \div 9 =$
$72 \div 9 =$	$18 \div 9 =$	$18 \div 9 =$	$36 \div 9 =$
$36 \div 9 =$	$54 \div 9 =$	$72 \div 9 =$	$63 \div 9 =$
$9 \div 9 =$	$81 \div 9 =$	$45 \div 9 =$	$72 \div 9 =$
$45 \div 9 =$	$9 \div 9 =$	$54 \div 9 =$	$27 \div 9 =$
$0 \div 9 =$	$27 \div 9 =$	$27 \div 9 =$	$90 \div 9 =$
$81 \div 9 =$	$63 \div 9 =$	$9 \div 9 =$	$0 \div 9 =$
$90 \div 9 =$	$0 \div 9 =$	$63 \div 9 =$	$81 \div 9 =$

Time [   ]   Time [   ]   Time [   ]   Time [   ]

     Schofield & Sims Learn Your Division Facts

The facts

$$0 \div 6 = 0$$
$$6 \div 6 = 1$$
$$12 \div 6 = 2$$
$$18 \div 6 = 3$$
$$24 \div 6 = 4$$
$$30 \div 6 = 5$$
$$36 \div 6 = 6$$
$$42 \div 6 = 7$$
$$48 \div 6 = 8$$
$$54 \div 6 = 9$$
$$60 \div 6 = 10$$

What to notice

▷ The first number in each division fact is a **multiple of 6** (or zero).

▷ The multiples of **6** are all **even**.

▷ You can halve the multiples of **6** and then divide by **3** to find the answers to the ÷**6** questions.

Half **42** = 21

21 ÷ **3** = 7

so 42 ÷ **6** = 7

Practise with the cards

Use the cut-out cards for the ÷**6** division facts.

Put the cards in order.

Pick any card and say the answer. Turn over the card to check.

$$42 \div 6 \qquad 18 \div 6$$
$$48 \div 6$$

Now try these

Write the answers to these questions.

$$60 \div 6 = \underline{} \qquad 18 \div 6 = \underline{} \qquad 36 \div 6 = \underline{} \qquad 12 \div 6 = \underline{}$$

$$42 \div 6 = \underline{} \qquad 48 \div 6 = \underline{} \qquad 0 \div 6 = \underline{} \qquad 30 \div 6 = \underline{}$$

$$24 \div 6 = \underline{} \qquad 54 \div 6 = \underline{}$$

Say the questions and answers aloud using the words **divided by.**

Sixty divided by six is ...   Eighteen divided by six is ...

Hard facts

$$24 \div 6 = 4$$

Say or sing this rhyme over and over again.
Twenty-four divided by six is four. It's four. It's four!

$$36 \div 6 = 6$$

Say the rhyme aloud with a lisp.
Thirty-thix divided by thix is thix.

Use this easy fact to help you with the larger numbers. $30 \div 6 = 5$

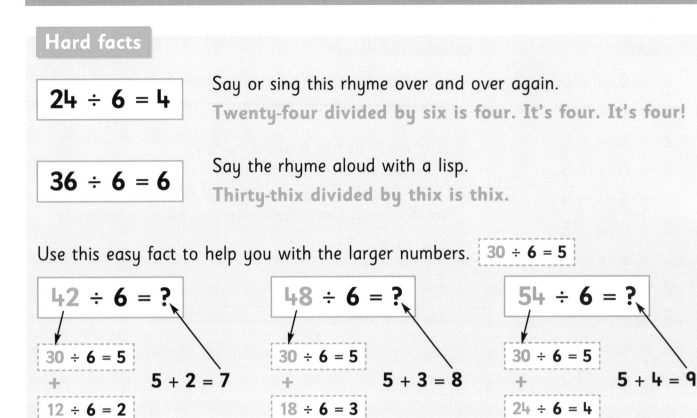

$42 \div 6 = ?$

$30 \div 6 = 5$
+
$12 \div 6 = 2$

$5 + 2 = 7$

$48 \div 6 = ?$

$30 \div 6 = 5$
+
$18 \div 6 = 3$

$5 + 3 = 8$

$54 \div 6 = ?$

$30 \div 6 = 5$
+
$24 \div 6 = 4$

$5 + 4 = 9$

Test yourself   ÷6

$24 \div 6 =$	$42 \div 6 =$	$30 \div 6 =$	$42 \div 6 =$
$48 \div 6 =$	$36 \div 6 =$	$60 \div 6 =$	$18 \div 6 =$
$18 \div 6 =$	$12 \div 6 =$	$0 \div 6 =$	$6 \div 6 =$
$54 \div 6 =$	$60 \div 6 =$	$36 \div 6 =$	$54 \div 6 =$
$12 \div 6 =$	$18 \div 6 =$	$18 \div 6 =$	$36 \div 6 =$
$36 \div 6 =$	$54 \div 6 =$	$12 \div 6 =$	$48 \div 6 =$
$6 \div 6 =$	$30 \div 6 =$	$42 \div 6 =$	$12 \div 6 =$
$42 \div 6 =$	$6 \div 6 =$	$54 \div 6 =$	$24 \div 6 =$
$0 \div 6 =$	$24 \div 6 =$	$24 \div 6 =$	$60 \div 6 =$
$30 \div 6 =$	$48 \div 6 =$	$6 \div 6 =$	$0 \div 6 =$
$60 \div 6 =$	$0 \div 6 =$	$48 \div 6 =$	$30 \div 6 =$
Time	Time	Time	Time

The facts

$$0 \div 7 = 0$$
$$7 \div 7 = 1$$
$$14 \div 7 = 2$$
$$21 \div 7 = 3$$
$$28 \div 7 = 4$$
$$35 \div 7 = 5$$
$$42 \div 7 = 6$$
$$49 \div 7 = 7$$
$$56 \div 7 = 8$$
$$63 \div 7 = 9$$
$$70 \div 7 = 10$$

What to notice

▶ If the multiple of **7** is an even number then the answer will be even.

even ÷ **7** = even
56 ÷ **7** = 8

▶ If the multiple of **7** is an odd number then the answer will be odd.

odd ÷ **7** = odd
49 ÷ **7** = 7

The multiples of 7

The first ten multiples of **7** are shown in blue under this line. Say the multiples of **7** out loud.

7	0	1	2	3	4	5	6	7	8	9	10
	0	7	14	21	28	35	42	49	56	63	70

Practise with the cards

Use the cut-out cards for the ÷7 division facts.

Use the line to help you answer the questions on the cards and to write the answers to these questions.

56 ÷ 7   **49 ÷ 7**
63 ÷ 7

$70 \div 7 =$ ____ $28 \div 7 =$ ____ $63 \div 7 =$ ____ $35 \div 7 =$ ____

$42 \div 7 =$ ____ $21 \div 7 =$ ____ $49 \div 7 =$ ____ $56 \div 7 =$ ____

Now say the questions and answers aloud while patting yourself on your head and rubbing your tummy at the same time!

Hard facts

$42 \div 7 = 6$

Always use facts that you have already learnt. If you know that $42 \div 6 = 7$ then $42 \div 7 = 6$ (see page 6).

$56 \div 7 = 8$

Notice that this fact has digits 5, 6, 7 and 8 in order.
5, 6, 7, 8, 56 divided by 7 is 8.

$49 \div 7 = 7$

Think of a square field with 49 pine trees.
7 rows of 7 pine trees.
Whisper
49 pines divided by 7 is 7.

Test yourself

÷ 7

$21 \div 7 =$	$42 \div 7 =$	$28 \div 7 =$	$42 \div 7 =$
$63 \div 7 =$	$49 \div 7 =$	$70 \div 7 =$	$14 \div 7 =$
$14 \div 7 =$	$35 \div 7 =$	$0 \div 7 =$	$7 \div 7 =$
$56 \div 7 =$	$70 \div 7 =$	$49 \div 7 =$	$56 \div 7 =$
$35 \div 7 =$	$14 \div 7 =$	$14 \div 7 =$	$49 \div 7 =$
$49 \div 7 =$	$56 \div 7 =$	$35 \div 7 =$	$63 \div 7 =$
$7 \div 7 =$	$28 \div 7 =$	$42 \div 7 =$	$35 \div 7 =$
$42 \div 7 =$	$7 \div 7 =$	$56 \div 7 =$	$21 \div 7 =$
$0 \div 7 =$	$21 \div 7 =$	$21 \div 7 =$	$70 \div 7 =$
$28 \div 7 =$	$63 \div 7 =$	$7 \div 7 =$	$0 \div 7 =$
$70 \div 7 =$	$0 \div 7 =$	$63 \div 7 =$	$28 \div 7 =$

Time ___   Time ___   Time ___   Time ___

The facts

$$0 \div 8 = 0$$
$$8 \div 8 = 1$$
$$16 \div 8 = 2$$
$$24 \div 8 = 3$$
$$32 \div 8 = 4$$
$$40 \div 8 = 5$$
$$48 \div 8 = 6$$
$$56 \div 8 = 7$$
$$64 \div 8 = 8$$
$$72 \div 8 = 9$$
$$80 \div 8 = 10$$

What to notice

▶ The answers to ÷8 questions can be found using halve, halve, halve like this.

$$64 \div 8 = ?$$

halve **64** = **32**

halve **32** = **16**

halve **16** = **8** $64 \div 8 = 8$

▶ Remember that if you know other division facts with the answer **8** you can use them to help you find ÷**8** answers.

If you know **48 ÷ 6 = 8** then **48 ÷ 8 = 6**.

If you know **72 ÷ 9 = 8** then **72 ÷ 8 = 9**.

The multiples of 8

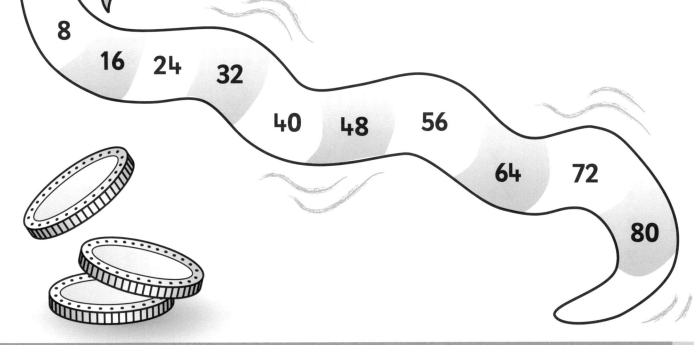

The first ten **multiples** of **8** are shown in the snake. Say them in order out loud. Cover all the numbers with coins. Lift any coin and **divide the number by 8**. Work out the answer, check it using the list above, and say the question and answer aloud (use low, high or squeaky voices to help you remember them). Remove the coin and pick another. Aim to get **10** out of **10**.

8   16   24   32   40   48   56   64   72   80

Hard facts

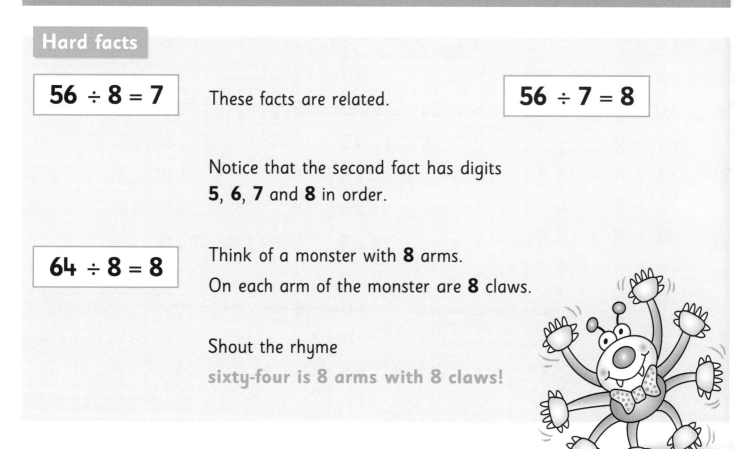

| 56 ÷ 8 = 7 | These facts are related. | 56 ÷ 7 = 8 |

Notice that the second fact has digits
5, **6**, **7** and **8** in order.

| 64 ÷ 8 = 8 |

Think of a monster with **8** arms.
On each arm of the monster are **8** claws.

Shout the rhyme
sixty-four is 8 arms with 8 claws!

Test yourself

÷8

24 ÷ 8 =	40 ÷ 8 =	32 ÷ 8 =	40 ÷ 8 =
64 ÷ 8 =	48 ÷ 8 =	80 ÷ 8 =	16 ÷ 8 =
16 ÷ 8 =	72 ÷ 8 =	0 ÷ 8 =	8 ÷ 8 =
56 ÷ 8 =	80 ÷ 8 =	48 ÷ 8 =	56 ÷ 8 =
72 ÷ 8 =	16 ÷ 8 =	16 ÷ 8 =	48 ÷ 8 =
48 ÷ 8 =	56 ÷ 8 =	72 ÷ 8 =	64 ÷ 8 =
8 ÷ 8 =	32 ÷ 8 =	40 ÷ 8 =	72 ÷ 8 =
40 ÷ 8 =	8 ÷ 8 =	56 ÷ 8 =	24 ÷ 8 =
0 ÷ 8 =	24 ÷ 8 =	24 ÷ 8 =	80 ÷ 8 =
32 ÷ 8 =	64 ÷ 8 =	8 ÷ 8 =	0 ÷ 8 =
80 ÷ 8 =	0 ÷ 8 =	64 ÷ 8 =	32 ÷ 8 =

| Time | Time | Time | Time |

12 ÷ 2 =	18 ÷ 3 =	14 ÷ 2 =	18 ÷ 2 =
35 ÷ 5 =	12 ÷ 4 =	24 ÷ 4 =	36 ÷ 6 =
40 ÷ 10 =	20 ÷ 5 =	0 ÷ 3 =	36 ÷ 4 =
7 ÷ 1 =	4 ÷ 2 =	45 ÷ 5 =	6 ÷ 3 =
24 ÷ 3 =	30 ÷ 10 =	16 ÷ 8 =	48 ÷ 8 =
16 ÷ 2 =	6 ÷ 1 =	16 ÷ 4 =	40 ÷ 5 =
20 ÷ 4 =	32 ÷ 4 =	27 ÷ 3 =	28 ÷ 4 =
15 ÷ 5 =	9 ÷ 3 =	18 ÷ 6 =	12 ÷ 6 =
0 ÷ 10 =	24 ÷ 6 =	50 ÷ 10 =	27 ÷ 9 =
21 ÷ 3 =	28 ÷ 4 =	9 ÷ 1 =	0 ÷ 5 =
8 ÷ 1 =	15 ÷ 3 =	30 ÷ 6 =	30 ÷ 3 =
Time	Time	Time	Time

30 ÷ 6 =	48 ÷ 8 =	32 ÷ 4 =	32 ÷ 8 =
16 ÷ 4 =	40 ÷ 5 =	64 ÷ 8 =	27 ÷ 9 =
14 ÷ 7 =	72 ÷ 9 =	6 ÷ 6 =	24 ÷ 3 =
16 ÷ 8 =	63 ÷ 7 =	49 ÷ 7 =	36 ÷ 4 =
27 ÷ 3 =	24 ÷ 8 =	56 ÷ 8 =	48 ÷ 6 =
24 ÷ 4 =	45 ÷ 5 =	81 ÷ 9 =	21 ÷ 7 =
0 ÷ 5 =	24 ÷ 6 =	30 ÷ 5 =	72 ÷ 8 =
63 ÷ 9 =	9 ÷ 3 =	36 ÷ 9 =	30 ÷ 10 =
36 ÷ 6 =	28 ÷ 4 =	4 ÷ 1 =	35 ÷ 7 =
28 ÷ 7 =	56 ÷ 7 =	42 ÷ 7 =	0 ÷ 8 =
80 ÷ 8 =	0 ÷ 8 =	54 ÷ 6 =	12 ÷ 4 =
Time	Time	Time	Time

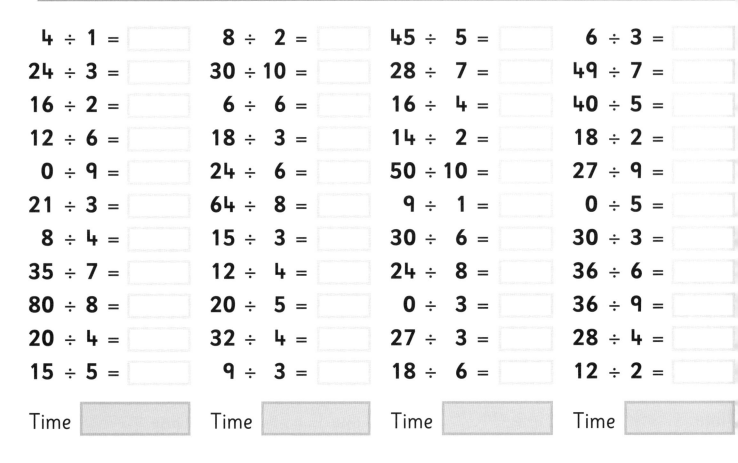

4 ÷ 1 =   8 ÷ 2 =   45 ÷ 5 =   6 ÷ 3 =

24 ÷ 3 =   30 ÷ 10 =   28 ÷ 7 =   49 ÷ 7 =

16 ÷ 2 =   6 ÷ 6 =   16 ÷ 4 =   40 ÷ 5 =

12 ÷ 6 =   18 ÷ 3 =   14 ÷ 2 =   18 ÷ 2 =

 0 ÷ 9 =   24 ÷ 6 =   50 ÷ 10 =   27 ÷ 9 =

21 ÷ 3 =   64 ÷ 8 =   9 ÷ 1 =   0 ÷ 5 =

 8 ÷ 4 =   15 ÷ 3 =   30 ÷ 6 =   30 ÷ 3 =

35 ÷ 7 =   12 ÷ 4 =   24 ÷ 8 =   36 ÷ 6 =

80 ÷ 8 =   20 ÷ 5 =   0 ÷ 3 =   36 ÷ 9 =

20 ÷ 4 =   32 ÷ 4 =   27 ÷ 3 =   28 ÷ 4 =

15 ÷ 5 =   9 ÷ 3 =   18 ÷ 6 =   12 ÷ 2 =

Time   Time   Time   Time

45 ÷ 9 =   9 ÷ 3 =   36 ÷ 9 =   20 ÷ 10 =

36 ÷ 6 =   28 ÷ 7 =   7 ÷ 1 =   35 ÷ 7 =

28 ÷ 4 =   56 ÷ 7 =   42 ÷ 7 =   0 ÷ 8 =

30 ÷ 6 =   48 ÷ 8 =   32 ÷ 4 =   32 ÷ 8 =

16 ÷ 4 =   40 ÷ 5 =   64 ÷ 8 =   63 ÷ 9 =

80 ÷ 8 =   0 ÷ 8 =   54 ÷ 6 =   12 ÷ 4 =

27 ÷ 3 =   24 ÷ 8 =   56 ÷ 8 =   48 ÷ 6 =

24 ÷ 4 =   45 ÷ 5 =   81 ÷ 9 =   21 ÷ 7 =

 0 ÷ 5 =   24 ÷ 6 =   25 ÷ 5 =   72 ÷ 8 =

14 ÷ 7 =   72 ÷ 9 =   6 ÷ 6 =   24 ÷ 3 =

16 ÷ 8 =   63 ÷ 7 =   49 ÷ 7 =   36 ÷ 4 =

Time   Time   Time   Time

12 ÷ 4 =	18 ÷ 6 =	14 ÷ 7 =	18 ÷ 2 =
24 ÷ 6 =	80 ÷ 10 =	54 ÷ 9 =	48 ÷ 6 =
35 ÷ 7 =	12 ÷ 3 =	24 ÷ 4 =	36 ÷ 9 =
15 ÷ 3 =	42 ÷ 7 =	18 ÷ 6 =	12 ÷ 6 =
70 ÷ 10 =	20 ÷ 5 =	0 ÷ 3 =	36 ÷ 6 =
7 ÷ 1 =	4 ÷ 2 =	45 ÷ 9 =	56 ÷ 7 =
56 ÷ 8 =	0 ÷ 7 =	16 ÷ 4 =	40 ÷ 5 =
20 ÷ 4 =	32 ÷ 4 =	24 ÷ 3 =	28 ÷ 4 =
21 ÷ 3 =	64 ÷ 8 =	9 ÷ 1 =	0 ÷ 5 =
0 ÷ 10 =	24 ÷ 4 =	50 ÷ 5 =	27 ÷ 9 =
9 ÷ 9 =	15 ÷ 3 =	42 ÷ 6 =	30 ÷ 3 =

Time   Time   Time   Time

42 ÷ 6 =	54 ÷ 6 =	32 ÷ 4 =	72 ÷ 8 =
56 ÷ 7 =	56 ÷ 7 =	42 ÷ 7 =	0 ÷ 8 =
24 ÷ 4 =	35 ÷ 5 =	40 ÷ 8 =	42 ÷ 7 =
48 ÷ 6 =	28 ÷ 4 =	9 ÷ 1 =	56 ÷ 7 =
70 ÷ 7 =	0 ÷ 8 =	54 ÷ 6 =	16 ÷ 4 =
16 ÷ 8 =	63 ÷ 7 =	49 ÷ 7 =	36 ÷ 4 =
21 ÷ 3 =	45 ÷ 5 =	81 ÷ 9 =	28 ÷ 7 =
0 ÷ 5 =	60 ÷ 6 =	30 ÷ 5 =	64 ÷ 8 =
54 ÷ 9 =	27 ÷ 3 =	36 ÷ 9 =	54 ÷ 9 =
28 ÷ 7 =	72 ÷ 9 =	6 ÷ 6 =	24 ÷ 3 =
24 ÷ 8 =	64 ÷ 8 =	56 ÷ 8 =	48 ÷ 6 =

Time   Time   Time   Time

Division facts summary

÷2 facts

0 ÷ 2 =	0
2 ÷ 2 =	1
4 ÷ 2 =	2
6 ÷ 2 =	3
8 ÷ 2 =	4
10 ÷ 2 =	5
12 ÷ 2 =	6
14 ÷ 2 =	7
16 ÷ 2 =	8
18 ÷ 2 =	9
20 ÷ 2 =	10

÷3 facts

0 ÷ 3 =	0
3 ÷ 3 =	1
6 ÷ 3 =	2
9 ÷ 3 =	3
12 ÷ 3 =	4
15 ÷ 3 =	5
18 ÷ 3 =	6
21 ÷ 3 =	7
24 ÷ 3 =	8
27 ÷ 3 =	9
30 ÷ 3 =	10

÷4 facts

0 ÷ 4 =	0
4 ÷ 4 =	1
8 ÷ 4 =	2
12 ÷ 4 =	3
16 ÷ 4 =	4
20 ÷ 4 =	5
24 ÷ 4 =	6
28 ÷ 4 =	7
32 ÷ 4 =	8
36 ÷ 4 =	9
40 ÷ 4 =	10

÷5 facts

0 ÷ 5 =	0
5 ÷ 5 =	1
10 ÷ 5 =	2
15 ÷ 5 =	3
20 ÷ 5 =	4
25 ÷ 5 =	5
30 ÷ 5 =	6
35 ÷ 5 =	7
40 ÷ 5 =	8
45 ÷ 5 =	9
50 ÷ 5 =	10

÷10 facts

0 ÷ 10 =	0
10 ÷ 10 =	1
20 ÷ 10 =	2
30 ÷ 10 =	3
40 ÷ 10 =	4
50 ÷ 10 =	5
60 ÷ 10 =	6
70 ÷ 10 =	7
80 ÷ 10 =	8
90 ÷ 10 =	9
100 ÷ 10 =	10

÷6 facts

0 ÷ 6 =	0
6 ÷ 6 =	1
12 ÷ 6 =	2
18 ÷ 6 =	3
24 ÷ 6 =	4
30 ÷ 6 =	5
36 ÷ 6 =	6
42 ÷ 6 =	7
48 ÷ 6 =	8
54 ÷ 6 =	9
60 ÷ 6 =	10

÷7 facts

0 ÷ 7 =	0
7 ÷ 7 =	1
14 ÷ 7 =	2
21 ÷ 7 =	3
28 ÷ 7 =	4
35 ÷ 7 =	5
42 ÷ 7 =	6
49 ÷ 7 =	7
56 ÷ 7 =	8
63 ÷ 7 =	9
70 ÷ 7 =	10

÷8 facts

0 ÷ 8 =	0
8 ÷ 8 =	1
16 ÷ 8 =	2
24 ÷ 8 =	3
32 ÷ 8 =	4
40 ÷ 8 =	5
48 ÷ 8 =	6
56 ÷ 8 =	7
64 ÷ 8 =	8
72 ÷ 8 =	9
80 ÷ 8 =	10

÷9 facts

0 ÷ 9 =	0
9 ÷ 9 =	1
18 ÷ 9 =	2
27 ÷ 9 =	3
36 ÷ 9 =	4
45 ÷ 9 =	5
54 ÷ 9 =	6
63 ÷ 9 =	7
72 ÷ 9 =	8
81 ÷ 9 =	9
90 ÷ 9 =	10

I know my division facts.

Tick here